Postcairds
Fae Woodwick Mill

Postcairds
Fae Woodwick Mill
Orkney Poems in Scots

To Sarah,
thanks for the "Shark"
hope you enjoy Willie's
words, best wishes Brendan.

William Hershaw
With illustrations by
Brendan McCluskey

Postcairds Fae Woodwick Mill
This edition published 2015 by
Grace Note Publications C.I.C.
Grange of Locherlour,
Ochtertyre, PH7 4JS,
Scotland

books@gracenotereading.co.uk
www.gracenotepublications.co.uk

ISBN 978-1-907676-62-8

First published in 2015

Text Copyright © William Hershaw, 2015
Illustrations Copyright © Brendan McCluskey, 2015
Printed and bound in the UK by 4edge Limited

A catalogue record for this book is available from the British Library

For Mary

"The reaper's sang amang the corn had aa the day been heard,
And cottar folk had wauchled hame wi heavy step and tired,
But no a weary thocht had I, I hurried on my shoon,
And gaed to meet my Mary in the lea-licht o the moon."

Joe Corrie, "The Lea-Licht O The Moon"

Contents

Illustrations

About William Hershaw's Poetry

William Hershaw is one of Scotland's most impressive contemporary poets. The English teacher from Lochgelly, Fife, will enhance his reputation with this collection, set in Orkney, home to the late George Mackay Brown. The younger poet salutes the older in the masterly 'Seivin Verses for GMB.' Hershaw's voice is always thoughtful, questing, humane, whether offering a ballad of martyred lovers; brief, potent, thoughts on religious doubt; or a tender tribute to his two sons. He uses the Scots language with conviction. "Dinnae be feart," he advises his readers. To aid comprehension, there's a glossary for each poem.

Lesley Duncan
Poetry Editor,
Herald

Postcairds fae Woodwick Mill will be of great interest to anyone in Orkney or beyond who is interested in good poetry. Willie Hershaw writes in a vibrant Scots which is capable in equal measure of virr, dule, and smeddum, and fair ruggs at the hairt in places. His poems introduce us to ghosts, souls and spirits – many of them Orcadian – and move well beyond the agnostic. At the same time, he is reminiscent of hilarious Garioch in his ability to deliver a devastating punchline, or of MacDiarmid in his occasional combative or political flashes. At the end of the day, though, this is Hershaw, and we are left with the feeling that we have been in company that is candid and philosophical, linguistically swack, and capable of a pure, poetic grace.

Dr. Simon W. Hall,
Author of The History Of Orkney Literature
(John Donald, Birlinn 2010)

William Hershaw is a skilful maker of poems, a true makar, in that he combines musical lyricism with practical realism. Moreover he is empathetic with nature and human life, probing both philosophically and socially, often accompanied by a gentle but incisive humour.

Previously he has published *Johnnie Aathin*, a cleverly-written poetic exploration of a mining community. Hershaw was encouraged early on by kindly and industrious poet, editor and publisher Duncan Glen. Hershaw's pamphlets produced by Glen are impressive in design and content. *Winter Song* is a lyrical gem. The sonnets in *Makars* pay homage to some of those who form our literary heritage in Scots. Each poem is a small masterpiece. As Hershaw writes of MacDiarmid 'He welded words with metaphysic rivets' and this could equally be said of Hershaw himself. Threaded through the poems are literary allusions and depth of learning. William Hershaw is not a dominie for nothing! How lucky are his pupils and are we, his contemporary writers and readers.

The poems in the new collection from Grace Note Publications *Postcairds Fae Woodwick Mill* take in MacDiarmid ('the hairmless wee mannie'), George Mackay Brown, the seasons, a rainstorm in Edinburgh, the mace in the Scottish parliament (wyce-like/ peitiful/ even-haunded /straucht) and 'fishermen wi laptops', among much else to delight.

Here then is a genuine makar with a musical ear, a Scots tongue, a well-informed mind and perceptive heart.

Tessa Ransford
Edinburgh, 2014

To read a poem by Wullie Hershaw is to make the connection between the spoken language of Lowland Scotland and the literature that has grown out of it. His natural facility with Scots is evident in this collection: opening the book is like entering an echo chamber in which the present melds and mingles, gracefully yet not always easily, with the past.

Other makars are referenced in these pages, Hugh MacDiarmid, George Mackay Brown, Robert Henryson, William Dunbar and the long-lost Schir Mungo Lokert of the Le among them; and I fancy I hear an occasional passing compliment to the late, greatly underrated Alastair Mackie too. If I am mistaken in this, I hope the bard of Lochgelly will accept *that* as a compliment.

In *Postcairds Fae Woodwick Mill*, Fife goes to Orkney, and comes back again, and the meeting of people and places is a rich and moving exchange. Wullie Hershaw has redd up a braw feast for his readers. Legend, ballad, folklore and song – the roots of our literature – are everywhere. Ghostly hares and grey men move across the pages; God and gods, witches and saints, otters and dominies populate the maze.

Beware: it may be longer than you imagine before you re-emerge.

James Robertson
Fife, 2104

Notes from The Sheafy

Woodwick Mill is situated in the Parish of Evie on the Orkney mainland between the gentle hills that rise around it and the stoney shoreline. A huddling of trees clusters round the mill burn that spills down to the shore. The visitors' book says that otters have been seen in that burn. At intervals, the timeless ferry shuttles back and forth from Tingwall to Rousay, Egilsay and Edwin Muir's birthplace of Wyre. What always strikes me coming up from Fife is the explosion of busy birdsong in July in the summer. I've always loved Orkney ever since my first visit - I'm a man who likes his comfort zones and in general I'm averse to leaving Lochgelly. There's something about Orkney that says to me "you'll be fine here." Real Orkney folk who live here all year, going about their jobs and daily business probably think I'm deluding myself.

Woodwick Mill itself was known formerly as Waakerhoose Mill before it was renovated. They made a braw job of it. We reside in the part known as The Sheafy. It is a place perfect for writing poetry and remembering how lucky you are. I take an old school jotter and a bottle of Scapa or Highland Park. At six o'clock, I turn on the news and see that the World is still burning.

In Orkney you cannot escape the presence of George MacKay Brown. I am reminded of his words concerning the poet's role: to purify the wells of language. My interpretation of this statement is that language gets used and abused for all kinds of reasons – mainly dishonest and dishonorable ones. The poet has the opportunity to restore them/make something good out of their original bright truth. Mostly I am unable to follow that laverock – I'm more of a selfish gowk in practice – but Woodwick Mill and Orkney allow me to begin to re cycle some of the rubbish and clutter that has accumulated over the year in the landfill site of my head. I am enabled to keep the fragile "Aye" switch on whatever happens to me. Back home in Lochgelly, I have a hairst of screivins to edit when Autumn begins to suggest itself in cold silent mornings and ruggins at the hert.

Some words about the Scots – dinnae be feart. All poetry is artificial in that it is words ordered deliberately to create effect. If you have a difficulty with Scots, try reading the poems out loud and you'll find it's mainly the unfamiliar look to it on the printed page that's haudin ye back. A selective glossary has been provided for each poem, just in case, but on occasion I employ poetic licence to impose my own interpretation or context – that's part of the fun of creative writing: aye, aye, aye …

Thanks and acknowledgements are due to the following for allowing me to include poems in this collection first published in versions elsewhere: Lesley Duncan and Alan Riach, Editors of The Smeddum Test, 21st Century Poems In Scots, published by Kennedy and Boyd, 2012 for Wabster, and Seivin Verses For GMB; Alistair Findlay and Tessa Ransford, Editors of Scotia Nova, Poems For a Better Nation, Luath Press, 2014 for Sea - Maw; Kenneth Farrow and Elaine Morton, Editors of Lallans, Issue 83, 2013 for For Joco Geordie Philp. Walter Perrie, Editor of Fras for Gowden Threids, Fras Publications 2012; Lillian King, Editor of Windfall Books for Ae Day In Summer from Johnny Aathin, 2009.

I would like to thank all the good friends who have contributed to this volume: Margaret and Gonzalo for their editorial skills, advice, encouragement and generosity: Brendan McCluskey for his unique and sympathetic vision in producing the cover design and drawings; Walter Perrie for trying to teach me how to think; David Hershaw, Tony Duffy, Kevin Kerr, Richard Michael, Sandie Forbes, Erik and Jenn Knussen for their magical music; Micky and Elizabeth Austin for Woodwick Mill; Simon Hall, Tessa Ransford, Lesley Duncan and James Robertson for their support; Scott Husband for photographs, Paddy, Tom and Mario – men you won't meet everyday.

William Hershaw
Fife, 2015

Postcairds
Fae Woodwick Mill
Orkney Poems in Scots

Postcairds Fae Woodwick Mill
(for my mother, Marie McCormick)

Anither year gaun ben, ane sweir tae birl:
the letterbox hings on its stob and gowps,
the black collie bowffs at the crouse cockeril,
lambs bleat and girn, tak their first tentfou lowps.
I screivit sax post cairds, juist sae ye'd ken –
lest ye jaloused I was no takkin tent,
I swither tae mind aa that's ettled fae then,
I maunnae recaa the gyte messages sent:

The Stanes at Brodgar, John Rae's Auld Fiddle,
faushioned fae seaware – a snod Orkney Bink,
The Auld Man O Hoy, Saint Magnus' Cathedral,
a gallus Tam Norrie, gien ye a wink.
A gey jimpit box that threips hou ye're missed –
ma hert rugs as tuim as thon smaa cramson kist.

---

ben: through; **sweir**: reluctant; **birl**: turn; **stob**: fence post; **gowps**: gapes; **crouse**: loud, coarse; **tentfou**: careful; **screivit**: wrote; **jaloused**: supposed; **takkin tent**: paying attention; **ettled**: happened; **maunnae**: must not; **gyte**: daft; **snod**: comfortable; **bink**: chair, bench; **gallus**: confident, cheeky; **jimpit**: confined; **threips**: complains; **rugs**: pulls; **tuim**: empty; **kist**: box.

Waakerhoose Mill

Aside Woodwick burn
staunds Waakerhoose Mill:
nae mill wheel turns nou,
the meal kirn is still.

The graith ligs weill derned
i the green gowstie gress,
winds cowpit the ruif tiles
last Michaelmass.

The shovel's reid-rustit
whaur it was last lowsed,
the biggin is tuim,
taen back by the trowes.

Doos big their nousts
ablaw aik beams that bou.
Naebody minds
o the miller chiel nou.

But gae ben the Mill
i the gloamin, ye'll hear:
a reeshlin, a hirselin,
a souch, a camsteir.

Syne daud on your gait,
bidena tae speir
the cause o thon drowe
or whit gings on here.

The miller's lang gaun
fae his sweelin mill puil,
the lass that he loued
ligs lang i the mool.

Wha kens whit's thon curmur?
The ruckle o stanes,
the muin and the otter,
and they three alane.

The gowden muin sooms
ben the mill puils o space,
the smaa grey man smools
i the burn like a ghaist.

kirn: churn; **graith**: tools, equipment; **ligs:** lies; **derned**: hidden; **gowstie**: desolate; **cowpit:** overturned; **lowsed:** freed; **biggin**: building; **tuim**: empty; **trowes**: fairy folk; **big:** built; **aik**: oak; **reeshlin**: rustling: **hirseling**: whispering; **souch**: sigh; **camsteir**: eery noise; **daud**: hurry; **speir**: ask; **drowe**: sad noise; **sweelin**: swirling; **mool**: earth; **curmur**: stir; **ruckle** pile of ruins; **sooms:** swims; **smools**: glides.

The Corncrake's Univocity

Life bides whaur it's biddan tae be
by its ain buik – gae luik, I wiss:
the corncrake scraighan ben the girse,
the moosehawk ower the meal kist.

Stymied by heredity,
our thisness thirls intil itsel:
unyokit by thrawan no tae wale
infinities o aathin else.

buik: form,plan; wiss: direct; scraighan: screeching; girse: wild grass; stymied: prevented, blocked; thirls: captures; thrawan: going against the grain; wale: choose. *Univocity of being* is the idea that words describing the properties of God mean the same thing as when they apply to people or things, even if God is vastly different in kind.

Wabster

The wabster i the winnock neuk
wha hings abuin the sill
kens a souch'll fetch a flee,
grist tae its mill.

Even the warselin flee itsel
kens its weird is dreed:
thirlt and taigled i a wab
no tae be freed.

 And aa that's thrang wi DNA
kens hou tae be,
and aathin kens tae be itsel –
sae hou no me?

wabster: spider; **winnock**: window; **abuin**: above; **kens**: knows; **warselin**: wrestling; **weird**: fate; **dreed**: decided; **thirlt**: imprisoned; **taigelt:** entangled; **thrang**: full, busy.

Seivin Verses for GMB

They are fermin the fower winds:
five grey stemmed daffodils
on the hill abuin Eynhallow
that whirlmagig air intil pouer.

Aa Simmerdim on Flotta –
a thrummlin column o virr:
the fleerin ee o Sauron lowps
and rages in its touer.

Fishermen wi lap tops,
tractors steert by Sat Nav,
Progress chaps our door unbiddan
tae win us ower.

Sunlicht asklent a green wave
maun be wrocht as an equation:
the Physic mind is mappamouned
whaur aa is swack and sure.

The makar speirs the silence,
raiks the taigle o time-wrack
for signs and kennings, patterns
thrang in his hairst o hours.

The solar wind pents miracles
yet a muckler ane by faur,
we're a mystery o pairticles
ablaw the cosmic glower.

For aye we're raxin scaffolding
o sense on circled yirth
whiles Magnus sails his saundstane ark
abuin our clash and stouer.

whirlmagig: in this sense, rotates **thrummlin**: trembling; **virr**: strength; **lowps**: leaps; **unbiddan**: unasked; **asklent**: aslant; **wrocht**: fashioned; **mappamouned**: charted, mapped out; **swack**: sure footed; **speirs**: interrogates; **raiks**: searches among; **taigle**: tangle; **thrang**: busy; **hairst**: harvest; **ablaw**: below; **glower**: glare; **raxin**: extending; **yirth**: earth.

Gowden Threids

An auld carl chappit at our door:
"Yearly, I heeze this kist:

green silk that's sown
for a Sunday coat in spring,

bricht Beltane cloth o fire –
a dress for a dance in the byre,

blae yarn tae knit
a scarf against autumn's souch,

white wool at Yuill
for a happin shawl or shroud.

Thir gowden threids o verse?
Tae stitch the seasouns roun."

carl: fellow; **gowden**: golden; **heeze**: raise; **kist**: chest, box; **blae**: blue; **souch**: sigh; **happin**: wrapped.

Efter Midnicht

As *Scapa* skails through ma veins
Ma mind sowps intil this auld stane mill.
I'm hearing the talk o the fermer chiels
Wha brocht hairsts doun fae the hills.
Their shadows foregaither around
A hirselin o millers' havers.

Is that yersel George?
A shy stranger staunds i the neuk alane,
Come ben ...
Nae need tae say aucht,
We'll lend a lug tae these auld waas' blethers
Or speir at the silence for an hour ...

Acht! I think I juist maist hae dovered ower ...

Scapa: Orkney whisky; **skails**: spills; **sowps**: seeps; **hairsts**: harvests; **hirselin**: rustling; **ben**: through, in; **aucht**: anything; **dovered**: nodded off.

The Otter

Fowk say in the mill burn
ye micht see an otter,
I hinnae yet seen yin
joukin in the watter.

I hinnae seen him swim
sae I maunna tell,
hou he rowes and rolls
and plays tig wi himsel.

I micht hae heard him
makkin a squeal,
a splash and a spleuchter,
a snuffle as weill.

Though I waited aa nicht
till the muin had gaun hame,
and lang through the daw
still never he came.

A trummlin whisker,
a tentfou paw,
ma hert wad fair tummle
at ae sign avaa.

I ken that he's thonder,
sleekit and snod
juist as I ken i the luift
there jouks God.

I draim o the grey man
out hunting aa nicht,
i his mouth is a fish,
a saul glaimin bricht.

joukin: moving in and out quickl; **maunnae:** must not; **rowes:** folds and turns; **spleuchter:** small splash of water; **daw:** dawn; **trummlin:** trembling; **tentfou:** cautious; **tummle:** tumble; **sleekit:** damp and shiny; **snod:** comfortable; **luift:** sky; **saul:** soul.

Windhover

Wullie Whip the Wind
Hings ower the hill
In his stationary air
Haudin still.

Aff by hert he kens
The ultraviolet trail:
In dreid, puir mousie's
Pished hersel.

He reads God's buik
O airth and wind,
He swups, he snecks:
God's will gets duin.

Wullie Whip the Wind: kestrel; **hings:** hangs; **haudin:** holding; **dreid:** dread; **swups:** swoops; **snecks:** snips.

The Guidman's Gifts

Ane time The Guidman wha is aa and aye
gied Lucifer a shottie o his een and his lugs,
his godly harns and thochts and draims
and aa his ayesemprile leids and kennins:
it cawed the bricht ane clean gyte
and doolally. Sae amang the mortal craturs
he waled out his fairins mair cannily:
laverock got tae scrieve hisel ower the air;
Jenny Gray and Skirly Wheeter tae dive and douk;
the yorlin tae read fae God's ain buik
as if through his sklentan een;
plankton got tae soom i primordial soup;
Tammy Norrie had a bucketfou o
siller and sautie saund eels aa tae himsel for his tea;
for dessert the bummelbee tastit
the sweet honies o creation;
the otter was gien licence and free scowff
tae tummel ersebaleerie in liquid space;
the gress snake tae feel the clap o
the wallydraigle's hert trummlin;
The hare was gien lang fearfou lugs
tae lowp at clishmaclaivers and loud bangs.
The tod quick legs, the futret tae souk eggs.
For mankin: tae ken the sadness
in the passing seasouns' sangs.

harns: brains; **ayesemprile:** always in the present; **kennins** – knowings **gyte:** crazy; **waled:** chose; **fairins:** lucky gifts; **laverock:** lark; **jenny gray:** young cormorant; **skirly wheeter:** oyster catcher; **yorlin:** yellow hammer; **sklentan:** shining; **soom:** swim; **tammy norrie:** puffin; **sautie:** salty; **scowff:** freedom; **ersebaleerie:** upside down; **stoun:** blow; **wallydraigle:** weakest chick; **lowp:** leap; **clishmaclaivers** – rumours: **tod:** fox; **futret:** ferret.

Royal Oak

Nou their banes are rust and steel
Ablaw the cauld waves,
Their een as dulled as casket lead,
Roll in their wattery war grave.

Whit micht they hae duin?
I'm hauf hert-seick at their sacrifice,
Hauf, hauf-hertit proud
They peyed sic a willing price.

Aye the Warld wales tae droun in hate.
Love is torpedoed and mined ilka day,
Lamb-like bairns beheidit
For man-made creeds, God-forleetit kintraes.

banes: bones; ablaw: below; duin: done; haill: whole; ae: one; hauf: half;
peyed: paid; wales: decides; ilka: each; forleetit: abandoned.

There But For ...

At schuil I was taught that the clarty saul,
the grey dish cloot, could be wrung out
by a thing caaed *Grace* – I've forked for it since
juist tae speir at it "whit are ye?"

The helium in a bairn's balloon
that gars it flee; a saul-bleach, emitic, a saining;
a lowping o the speirit; Time's steamie for fylings;
a faither's welcome hame; the daith o guilt;
a cauld shower in the Infirmary Street Baths;
Brylcream slaistert in a snell wind
ower the tap o a short back and sides;
the siller cord sneddit fae the lown glider;
the broun burn spilling freely ben the Mill.

I've raiked through a lifetime's press for clean claethes,
tint in a stoury Narnia o wardrobes and kists:
nou I'm wonnerin gin I'd suit them.

schuil: school; **clarty**: dirty; **saul**: soul; **caaed**: called; **forked**: searched;
speir: ask; **gars**: makes: **saining**: blessing; **lowping**: leaping; **steamie**: laundry;
slaistert: slabbered; **snell**: bitterly cold; **sneddit**: cut; **lown**: peaceful; **ben**:
through; **raiked**: rummaged; **press**: cupboard; **tint**: lost; **stoury**: dusty; **gin**: if.

Prayer For Minding

Bide,
bide here nou,
and ken you were here afore.
The past was
ayeways and naethin
is as it was afore.
A mind that daunders round imagined corners is no a
wyce-like mind.
Nou is,
and you bide here
for ayeweys like afore.

Breith – dinnae be frichtit by it aa
and ayeweys ettle tae be:

kythin,
    raxin,
        birlan,
          blawin,
              soukan,
                 mellin,
                    jynin,

speirin for grace.

---

bide: stay; **ken:** know; **daunders:** wander aimlessly; **wyce – like:** wise like; **ettle:** try; **kythin:** rising; **raxin:** reaching; **birlan:** turning; **blawin:** blowing; **soukan:** sucking; **mellin:** mixing; **jynin:** joining.

The Thrawn Saul

Whit is this licht that lowes,
this gowden pathwey?
Wha gies this grace that ettles
tae unthirl me fae cley?

Thrang in Nature's maitter
I'm sained and blent.
I'd raither be licht i the watter
that strintles and sklents.

I wad be here for aye:
a drap in the river,
skailan ower rock, ablaw sky,
blythesome forever.

thrawn: cantankerous, contrary; **saul**: soul; **lowes**: glows; **gowden:** golden; **gies:** gives; **ettles:** attempts; **unthirl:** free; **cley:** clay; **thrang:** busy; **sained:** blessed; **blent:** burnished; **strintles:** tinkles: **sklents:** shines obliquely; **skailan:** spilling; **blythesome**: happy, free of care.

The Reaping And The Gleaning

It pours and it rinns, it aye pishes wi rain,
It's weet and it's cauld up by Charity Mains.

Haw Missus, I fair like the luik o your land,
your parks and your rigs, your biggins and barn,
field efter field that pleisures the ee,
your birks and fauld dykes and cornricks tae,
your chouckies and coggies, your cuddies and cous,
your kennels and cots for your grey cushie doos,
your aipple trees, rosiers – them aa aucht tae thu …

Haw Missus, nou dinnae be wary o me,
a hauckit wud bogle, maist frichtsome tae see,
ma coat is bedraigelt, ma shoon flep unsoled,
nae hat nor hame beilds me tae brave out the cauld,
ma hair thin and plaistert ower reid tumshie heid –
I wadna luik waur gin seivin months deid.
Ma breeks fou o holes and bidin a stitch,
wi a bottle o Biddy I crouch in the ditch,
I'm wanting a dram wi nae bawbees tae spend,
I've trauchled aa day through the sleet, rain and wind.
On cauld nichts I streetch ablaw gravestane or ledge,
last nicht I lay doun aside yon droukit hedge,
wi the rain aye stottin,
reeshlin wi rottans,
athout nary a crust …
and sae nou it's tae begging that I hae tae trust.

I'll hae nae saft soap – this hert winnae rug.
You'll gang on your gait wi a flee in your lug.
You'll leave in a minute and get nae hoose room,
ma son's a big laddie and he'll be hame suin.

Haw Missus –
You cast a cauld ee and I maunna blame you,

I never taen this road tae deave or tae shame you,
haurd drink and Outside hae been ma haill ruin –
I ken in ma watters ma time maun be suin.

You'll leave in a minute and tak wi ye your duds,
your pack and your clouts aa cakit wi mud,
there's something about you I think I should ken –
but nae charity kyths fae a hert wrocht o stane.
Here's faither's bunnet and hauf a Scots croun,
tae spend on a dram in a howff in the toun.
Though there's ae thing about you I think I should ken –
the wey that you tak – it's like aa selfish men …
sae gang fae ma ferm sir and dinnae bide lang –
ma son's a big laddie, quick-tempert and strang.

I cannae say plainly whit brocht me aince mair,
tae tak a last luik, tae redd up affairs,
the nicht will be weet and ma banes are gey sair,
I'm feeling ower wabbit tae sleep wi the hares,
ma neb's smoort wi snotters, I'm chitteran wi cauld,
gie me a ruif, gin I maun mak sae bauld,
gie me a piece and I'll hide in the shed,
gie me roch secks and I'll mak a snod bed,
and when you keek ben in the dawin, I sweir
there'll be nary a trace that I was aince here,
Haw Missus, ma pardon, I'll never let on,
Haw Missus, I'll no breith a word tae your son.

Though Missus, I fair liked the luik o your lad,
wi his brave Maister's air
and his thick wavy hair,
and his canny green een,
as sherp as a peen,
and his graund wey wi words
as he ordered his men tae daud on wi their darg,
Haw Missus, beg pardon, I juist had tae spelr,
He'll brak monie's a hert amang lassies, I fear,

and hou I liked weill his fine manly staund,
though he pyntit his gun
and he caaed me tink scum
syne he tellt me tae run,
and no tae trespass like a thief on his land –
I could see he's a yin wha is born tae command.

Haw Missus, I mind o his grey auld grandad,
his bark was the same though he wasnae sae bad
when I was a frisky and gangrel young lad
the last time I was here –
ower twinty five years.
Aye, I tyauved in these parks and I haundled a sheugh,
I wrocht for the Maister at binding – gey teuch,
bare and bou-backit the gowd hairst I won,
I warked till ma haunds bled tae bring thon aa in,
I mind fine the drouth when day was weill duin,
I mind o the magick that danced around,
I mind o the licht fae the lauchin auld muin ...
music and magic, whisky and fire,
hou the fermer's young dochter shawed me tae the byre
whaur the bullocks they rut and they rear and they sire...

Haw missus, ma pardon for rousing your ire.

Still i the smirr o the faain rain,
tholin and lown, plaistert in shairn.
The baists i the glaur, their backs their ain beilds,
up tae their shins in the neuk o the field.
the baists i the cloud o their ain reekan braith,
or derned i the weeds like the reid reapan graith.
Hay hauden doun by the wecht o auld tyres,
rain spoutin fae a burst pipe in the byre.
Rain skailan doun fae a lowering sky –
and aa as aince aye, and aa as aince aye.

Peity the puir tink as he passes by.

biggins:buildings; **birks**: trees; **fauld dyke**: enclosing wall; **chouckies**: chickens; **coggies**: lambs; **cuddies**: horses; **doos**: pigeons; **hauckit**: ugly; **wud**: mad; **aucht**: owned; **bedraigelt**: bedraggled; **shoon**: shoes; **beilds**: shelters; **tumshie**: turnip; **waur**: worse; **gin**: if; **bidin**: awaiting; **Biddy**: cheap red wine; **bawbee**: penny; **trauchled**: trudged; **droukit**: drenched; **stottin**: falling heavily; **reeshlin**: rustling; **rottans**: rats; **saft soap**: soft words; **rug**: – feel pity; **gang on your gait**: take the road; **flee**: fly; **lug**: ear; **maunna**: mustn't; **deave**: annoy; **haill**: whole; **duds**: clothes; **ken**: know; **kyths**: arises; **wrocht**: made; **hauf**: half; **howff**: disreputable drinking place; **brocht**; brought; **redd up**: sort out; **gey**: very; **sair**: sore; **wabbit**: worn out; **neb**: nose; **smoort**: covered; **piece**: a slice of bread; **roch**: rough; **snod**: comfortable; **keek ben**: look through; **dawin**: dawn; **aince**: ever; **een**: eyes; **peen**: pin; **wey**: way; **daud**: hurry on; **darg**: task; **speir**: ask; **weill**: well; **pyntit**: pointed; **caaed**: called; **syne**: then; **yin**: one; **gangrel**: roaving; **tyauved**: wrestled; **sheugh**: hand held scyth; **teuch**: tough; **bou-backit**: bent backed; **gowd**: gold; **hairst**: harvest; **thon**: that; **aa**: all; **drouth**: thirst; **lauchin**: laughing; **dochter**: daughter; **byre**: cowshed; **glaur**: mud; **tholin**: putting up with; **lown**: peaceful; **smirr**: mist of rain; **shairn**: dung; **baists**: beasts; **beild**: shelter; **neuk**: corner; **reekan**: smoking; **braith**: breath; **derned**: hidden; **graith**: tools; **hauden**: held; **wecht**: weight; **skailan**: spilling; **aa**: all; **aince**: once; **aye**: always; **puir**: poor.

Twal Grey Men

Twal grey men
Walking out the storm,
Twal grey men
Wha never shall be warm.

Twal grey men
Hammering on the door,
In the deid o nicht,
Dreepan fae the shore.

Twal grey men
Drawn tae licht like moths,
Grim and dour and gurly,
Cursing aafou oaths.

Twal grey men
A gespan line o cuithes,
Huddling round the ingle,
Chitteran their teeth.

Twal grey men,
Spent as ilka slink,
Peeliewallie like a sweltin,
Wha grue at mate and drink.

Wha stert wi wide wud een
At the cock's quick craw,
Wha rise wi shamefou heids,
And vanish at the daw.

twal: twelve; **gurly**: angry; **cuithes**: young coal fish; **slink**: emaciated fish; **peeliewallie**: pale, unhealthy; **sweltin**: spent salmon; **grue**: grimace: **wud**: mad; **daw:** dawn.

Aye

Syne lowse the blessit English tae their shires,
Their lakes and meadows, lanes and laichlie hills,
Their kirks and touns, dog roses, bells and spires,
Syne mind o Wordsworth's gowden daffodils.
Syne mind o heroes like brave Thomas Paine,
Wha raxed tae gie tae aa *The Richts o Man,*
For nae juist Scots dout guinea stamps alane –
A wheen hae tilled at levelling the land.
Our curse was aye the enemy within:
Fire fae nae English smiddy forged our wae,
Our lads o pairts, our very kith and kin,
Our Dominies wi tawses taught naesay.
A Calvinist hert is thrawn tae forgie –
Let it aa dowe, sae that our bairns maun be.

syne; then; **lowse:** loose; **laichlie:** lowly; **mind:** remember; **gowden:** golden; **raxed:** reached; **gie:** give; **aa:** all; **dout:** doubt; **guinea stamps:** false impression of worth, see Burns *A Man's A Man;* **wheen:** lot; **aye:** always; **wae:** woe; **lads o pairts:** local scholars; **dominies:** teachers; **tawses:** leather belts; **naesay;** deny; **thrawn:** unwilling; **forgie:** forgive; **dowe:** fade, die; **maun:** may.

The Makkin O A Man

Airn eneuch tae forge a nail,
lime eneuch tae pent a waa,
watter eneuch tae droun a dug,
sulfur eneuch tae fleg a flea,
potash eneuch tae wash a sark,
gowd eneuch tae buy some breid
siller eneuch tae hap a peen,
leid eneuch tae ballast a buird,
phosfor eneuch tae licht a lamp,
pizzen eneuch tae kill an ague,
smeddum eneuch tae big a hame,
time eneuch tae cradle a bairn,
love eneuch tae brek a hairt.

airn: iron; **eneuch:** enough; **fleg:** frighten; **sark:** shirt; **gowd:** gold; **hap:** cover;
pizzen: poison; **smeddum:** willpower; **big:** built; **hairt:** heart.

Extinct

The Gaffer shuik his heid gey doubtfou-like,
"It's no luikan guid for you boys," he said.
Wi an airm round ma shouder he shawed me the door,
"productivity… sustainabilty … lack o growth …
overseas competition … adapt
tae survive or your industry gans doun the siver."
I taen it back tae the hive:
"Aa those in favour, buzz aye –
fae nou on yous aa hivtae specialise."

"Gie us ten mair million years," I threipit,
"a proboscis as lang as our hurdies'll help,
gie us guid access
tae neb deeper
intil the flouer press,
the boys hae agreed tae grouwe anither perr o wings,
hae a clattier tungue tae howk honey out wi – aiblins
ye'll gie us a wee whiley mair
tae get sib wi the new technology?"

" Caa it five and we hae a plan," said Darwin.
We shuik haunds. The sleekit bastart!
Athout lettin on he'd puit out a tender
tae swick-eed mammals in the private sector.

In a puckle o years aa the bonny wee flouers
were aa wede awaa –
I never thocht hou much I'd miss them.
Pesticides buggered our nervous systems.
Whit dae ye expect? Gaffers juist treat ye like insects.

But Daith – whaur is thy sting?
Caw ane doun, caw twaa doun, caw aathin …

gey: extremely; **gans:** goes; **siver:** drain; **threipit:** insisted; **hurdies:** thighs; **neb:** nose; **clattier:** stickier; **howk:** dig; **aiblins:** perhaps; **sib:** acquainted; **sleekit:** untrustworthy; **swick – eed:** swivel - eyed; **puckle:** small amount; **wede:** faded; **whaur:** where; **caw:** knock down; **aathin:** everything.

Lees

The honest truth is maist folk aye tell lees
anent theirsel, their place, their gear, their bairns.
Some tell them tae let dab hou weill they're fairin,
some souch them saftly wi a liar's ease,
some anely speik them when they're sairly prised,
some dinnae sense the herm they micht be daein,
some big a wab tae dern fae nebsome speirin.
Masel? I tell them for the fun it gies.

White and bleck anes, aa tae delicht masel,
Catholic or Calvinist – I'm no blate.
Betimes a lee in fremmit airts as weill.
Yestreen I tellt ane at the Kirkyaird yett:
"A guid release for Jockie at the end."
A damned lee – as if I damned weill kent.

lees: lies; anent: concerning; gear: property; let dab: let on; fairin: succeeding;
souch: sigh; anely: only; prised: pressed; wab: web; dern: hide; speirin:
questioning; blate: reluctant; fremmit: unusual; airts: places; yestreen: last
night; yett – gate.

The Gloup[1] O Halcrow

Troll miners fae Cowdengelly, weill kent
for being thrawn and hyperbolean sweiring,
taen the wrang turn upby at Kelty, heidit North –
naebody wad admit tae it or caa for a breither.
And sae they hammered and delved and howkit,
in ill-tid and fell temper for twaa haill weeks.
Fair wabbit and sair wrocht, somewhaur ablaw the Pentland firth,
they cawed Orkney saundstane wi a muckle dunt:
it gied them a richt sair ane, spleet a fissure syne
the sea infaaed abuin their grumphy heids.

Schaaboyserr! Schaawhureserr! Aa hell brak louse.

They were trampolined oot like steam up a spoot,
They were speldert fou tilt intil a cou field,
blawn heelstergowdie and erse ower elbuck.

The local fowk were bumbazed wi them:
bleck-pussed, lang-whuskered, mowdie-skin breeked –
they made up myths anent selkies tae account for them,
they left oot votive pieces – yirth fare o bannocks and cheese.
The trolls had them for their tea.

weill kent: well known; thrawn: obstinate: breither: rest; delved: dug; ill-tid: out of sorts; wabbit: wearied; sair-wrocht: overworked; cawed: knocked; infaaed: fell in; abuin: above; speldert: spread; heelstergowdie: in a circular motion; elbuck: elbow; bumbazed: bewildered; mowdie skin breeked: mole skin trousered; anent: concerning; selkies: seal folk; pieces: slices of bread; yirth: earth.

---

[1] A Gloup is a geographical feature, a sea cave burrowing under the mainland with access from above via a bore hole, like a pit shaft that descends directly to the sea underneath.

Sea Stack

God
caaed
his chuckie word
doun
the deep
mense
well
o space.
Wabsteids
o leid,
sae fickle
and fankelt
and fine,
trummled
siller
at his souch
abuin
the lown
mirk
Plish!   watters   Plash!
undeemous meanings raxed syne metaphors matrixed

Crash!

chuckie: pebble; **mense** large amount: **wabsteids**: webs; **leid**: language; **trummled**: trembled; **siller** silver; **souch**: breath, **abuin**: above; **lown**: still; **undeemous**: numberless; **raxed**: stretched.

For Andrew And David

Hae ye seen ma laddie?
Na, he disnae ging tae schuil,
Nae langer deaved by hours and rooms,
He guddles in the puils.

Doun by the rocks he plouters
Doun whaur the pewlies kittle,
Doun whaur sea pyots neb and prise
And saftie peelers scuttle.

Ablaw the lichthoose Venus
He's there wi net and jaur,
He's sib wi cells that pulse wi virr,
As unthirlt as the scaurs

Hae ye seen ma laddie?
For he's been awaa langsyne –
He wunners at sea ferlies
Blin tae the tides o time.

Gin ye see ma laddie
In the gloamin on his lane
Juist tell him that I lou him,
And that suin I'll caa him hame.

deaved: annoyed; **plouters**: plays in water; **pewlies**: seabirds; **kittle**: make excited; **pyots**: oystercatchers; **neb**: nose; **prise**: press; **peelers**: soft shelled crabs; **sib**: at one; **virr**: life; **unthirlt**: unchained; **scaurs**: gulls; **langsyne**: longtime; **wunners**: wonders; **ferlies**: marvels.

The Sea Maw

The Canongait Kirkyaird – turn o the year:
The oubit DNA o Adam Smith
Unraiveling whaur wee rosiers are bare;
Fergusson mells i the cley underfuit.
Some minger gaun ben has cowped a fish supper,
Disposable chips. A seamaw fleps and lauchs:
"The food o the Gods and aiblins Alf Tupper!
Finders keepers, first dibs ma fiers, – piss aff!"
Economic migrant inben fae Gullane,
Saut days o puirtith thonder forgotten:
Why screigh aa day for bonnie caller herrin?
There's rowth o broun sauce here for fethered rottans!
He steeks his gub wi greasy battered crumbs –
Sea buirds as weill mak wales, haud referendums.

sea maw: seagull; oubit: worm; mells: mixes; cley: clay; minger: disgusting
person; ben: past; cowpit: thrown away; saut: salt; puirtith: poverty; thonder:
there; screigh: screech; caller: fresh, rowth: abundance; rottans: rats; steeks:
stuffs; wales: choices; haud: hold. Alf Tupper – cartoon athlete in *The Hotspur*
who lived on fish suppers. See: *At Robert Fergusson's Grave* by Robert Garioch

Schir Mungo Lokert O The Le

Schir Mungo is one of the poets listed by William Dunbar in the Danse Macabre *Lament For The Makeris* written around 1505. Nothing of his work has survived for posterity.

For Joco Geordie Philp

The geese come whuddin ower in late November,
Gangrel sauls wha ging fae here tae yonder.
There's ane wha flytes, faur aheid o the drave,
Fair fashed and impatient wi the latchin lave:
I ken his canny caickle, mind his kind muse,
As he sclims abuin the land that he's aye loued,
At the forebreist o thon speldert arraheid,
Weill-versed in fremmit tungues and native leids.

A sweirt email is bidin in ma in tray –
It threips anither feir is tint the day.
Intil the daurk, anither elder brither gaun
Whiles aa the fuilish world gaes daudin on.
Heich or laich or gleg or dowff,
Ayont the hills, syne on tae heivin's howff –
He winters there wi Burns and Grieve and Neill –
I wish I'd waled the time tae say fareweill.

gangrel: restless; **sauls:** souls; **flytes:** admonishes; **drave:** drive; **fashed:** upset; **latchin:** slow moving; **lave:** rest; **sclims:** climbs; **forebreist:** front; **speldert:** spread out; **fremmit:** foreign; **leids:** languages; **sweirt:** reluctant; **threips:** insists; **feir:** friend; **tint:** lost; **daudin:** careering; **heich:** high; **laich:** low; **gleg:** happy; **dowff:** sad; **ayont:** beyond; **waled:** chosen.

Ocean

Waves tummelin heich aside me,
afore me and ahin,
I sail a menseless ocean,
I sail thon ocean blin.

I glower up at the heivins
for ilka licht or sign.
Wha biggit the boat ablaw me
afore time out o mind?

Will I win tae *Fiddlers'Green*,
will I win there suin?
Or maun I sail for aye and aye
through countless months o moons?

tummelin: tumbling; **heich:** high; **menseless:** immeasurable; **glower:** glare; **ilka:** any; **biggit:** built; **ablaw:** beneath; **maun:** must.

The Dominie's Annual Improvement Plan

The Curriculum:
Aa the stuff
the bairns
hivtae ken.

Meeting Learners' Needs:
Helpin the bairns
hou tae lairn
aa the stuff.

Improving Learners' Experiences:
The bairns haein
a braw time
lairnin aa the stuff.

Improvements In Performance:
The bairns daein weill
at mindin
aa the stuff.

Improvements Through Self-Evaluation:
Tae see oursels
as the bairns see us
teaching them aa the stuff.

Mace

Wyce-like/Peityfou/Even-haundit/Straucht

wyce-like: wise; **peityfou**: full of compassion; **even-haundit**: just; **straucht**: honest.

Witch

A hirplan hare,
schauchlan on shot hurdies:
The auld wyfe wants new hips.

hirplan: limping; **schauchlan**: walking with a dragging motion; **hurdies**: thighs.

Tae a Frichtened Hare on a B Road

A puff o grey stour, a gun shot gaun aff,
                a murchen taks form,
lowpan for its deir life, aside the car,
                its lugs flettened, fleggit,
yawin, its hare hert yammerin, thrappled,
                and chokit wi fear.
Doitit, wud-eed refugee, tae delve your camp
                in sic a wanchancy airt!
Ilka raxin stecher and spring you bound,
                hauf-mad maukin,
is fuelled by a fricht whaur panic's steekit your dwaiblin thocht,
                I watch you brocht
sweirly and skeerily tae your tryst,
                I sense your squeal
through the thick winnock gless but will you on
                tae weys o safety
and yet, harn-aiddled, you opt tae veer, ettlin as if tae mind,
                as if warned afore
by your faither anent this. Wale life, deir thing and win awaa
                ablaw thon wire,
heid for the rottan's dreep and safe-house,
                the tyreless space o sheep-beild:
but birl left and you're a broukit martyr, drauchles spreid
                pink and reid ower the careless road.
Hare, lang-luggit neibour, dinnae gae there
                whaur the corbies'll mak a meal,
you hae as much wittins as I dae
                whit ligs ower thon hill.
Hare made mad by fear,
                tak tent o ma kittlin guidwill.

stour: dust; **murchen**: hare; **lowpan**: leaping; **lugs**: ears; **fleggit**: frightened; **yawin**; gaping; **yammerin**: chattering; **thrappled**: throttled; **doitit**: stupid; **wud**: mad; **delve**: dig; **wanchancy**: dangerous; **airt**: direction; **ilka**: each; **raxin**: stretching; **stecher**: stagger; **maukin**: hare; **steekit**: stuffed; **dwaiblin**: failing; **sweirly**: reluctant; **skeerily**: crazily; **winnock**: window; **harn**: brain; **ettlin**: trying; **anent**: about; **wale**: choose; **ablaw**: below; **rottan**: rat; **dreep**: ditch; **beild**: shelter; **birl**: turn; **broukit**: broken; **drauchles**: guts; **corbie**: crow; **wittins**: news; **ligs**: lies; **tak tent**: be aware; **kittlin**: interested.

The Twaa Hares On The Hill

There was a miller, mean and roch
Wha had a bonny dochter,
"You never shall wed but aye work for me,
For I winnae gie the tocher.

You'll cook and sow and reap and mow
Till you are braw nae mair –
When I am deid then you shall be free
Tae run like the bonny black hare.

Gin ye mak gled een at a plouman lad,
It's in the burn I'll droun thee,
Gin I see thee wi the tinker's son
It's wi ma gun I'll shoot thee."

"I wadnae mak een at a plouman lad
Nor a hauflin fae the toun.
Nor wad I run aff wi a sailor boy
Gin in the burn I'd droun."

The tinker's son was handsome and brave,
Curls hung around his face.
He came doun fae the tinkers' camp
When the muin had faain fae grace.

The miller woke and liftit his gun
At the creak o the timmer stairs.
He crept tae his dochter's room i the daurk
Tae find out wha bade there.

And he found them in each ithers' airms –
naked as Adam and Eve,
And he aimed his gun at the baith o them
For he deemed them nae reprieve.

For he found the twaa thegither in love
As he stood and shuik in anger,
Though he fired his gunshots ower and ower
Their love he coudnae sunder.

Twaa hares on a hill, abuin the auld mill
Whase hame is the wide world's room.
They leap and they lowp, they box and they jink
Ablaw the new risen muin.

roch: rough; **dochter:** daughter; **gie:** give; **tocher:** dowry; **hauflin:** foolish
person; **gin:** if; **timmer:** timber; **lowp:** leap;

Sonnet For Big Joe Temperley

Fae bings, pitheids and creishy Glesgi howffs,
tae Lyttelton in London in the fifties;
sailt tae New York tae feed the hungry mouths
and show times wi *Sophisticated Ladies*.
Wi Woody Herman, Thad Jones and Clark Terry
afore the caa tae jyne Duke's band fae Mercer:
Sinatra, Miles, Fitzgerald, Holiday;
swingan wi legends at the Lincoln Center.

He mines the notes, his graith a vintage *Conn* –
for aye there's something o him fae the Raws.
As heids birl for the chiel on saxophone
The Big Man lifts his baritone and blaws.
Auld but straucht-backit: "Aa jazz is in his tone."
And mair – *his love is like a red, red rose.*

Joe Temperley (born Lochgelly, 20 September 1929) came from a coal mining background and is a Scottish baritone saxophonist. He first achieved prominence as a member of Humphrey Lyttelton's band from 1958-1965. In 1965, he moved to New York City achieving further fame as outlined above. Temperley played in the Broadway show *Sophisticated Ladies* in the 1980s, and his film soundtrack credits include *Cotton Club*, *Biloxi Blues* and *When Harry Met Sally*. One of his greatest recordings is a solo rendition of Burns' *My Love Is Like A Red, Red Rose*.

creishy: sweaty, unpleasant; **howffs**: dives; **caa**: call; **graith**: tool; **raws**: miners' rows or houses; **birl**: turn; **straucht-backit**: straight backed.

Buird

A buird flew tae ma gairden –
a byordinar thing.
The ither buirds tuik tae the air:
it sat thonder like a King.
A hunting buird, faur fae hame,
wi talons and cruel beak,
its wings fauldit awaa –
whither *Sparrowhawk* or *Buzzard*,
I cuidnae puit a nemme on it ataa.

Nae need tae film it on ma phone,
tae log it in some buirdy buik,
tae figure out its flichtpath,
or why it flew intae ma neuk.
A thing ayont ma ken,
that I goved at till it left,
jalousin was I in its thocht?
Whither *Kestrel* or *Red Kite*,
I was gled for whit it brocht.

byordinar: extraordinary; **ayont**: beyond; **ken**: knowledge; **goved**: stared; **jalousin**: supposing.

Starry Nicht

Stars sae heich
abuin the muin
cauld and changeless
sklentan doun.

Stars o frost
bruckle as braith
kyth like howp
melt like faith.

heich: high; **abuin:** above; **sklentan:** glancing; **bruckle:** fragile; **kyth:** rise;
howp: hope.

Howp

I bocht a notebuik,
a nesting box for poems:
build it and they will come.

I placed a flauchteran neep-heid
i the winnock recess:
gangrel guisers welcome.

bocht: bought; **flauchteran:** fluttering; **neep – heid:** turnip head; **winnock:** window; **gangrel:** wandering.

Sunfaa

I trauchelt lang and sair tae the croun o the hill
whaur the laich sun spreid itsel
like marmalade amang the birks,
whaur the caller air was a sainin o pine scent,
flutes o buirdsang and tirlan watter:

A place tae rest and bide.

Yet syne I follaed faurther alang the nairrae wey,
tae a place whaur the wyce firs thinned –
saw mountains and snaw, melling intil cramson
heich - awaa West. My gangrel saul aye speirin:
whit is it that ligs faur ayont thon last heivin ?

trauchelt: struggled; **sair**: sore; **laich:** low; **birks:** trees; **caller:** cool; **sainin:** blessing; **tirlan:** tinkling; **bide:** stay; **syne:** then; **faurther:** further; **wey:** way; **gangrel**: restless; **saul:** soul; **speirin:** asking; **ligs:** lies; **faur:** far; **ayont:** beyond.

Yew Sings Anew

Yew undertuik
tae ruit amang the infaaed kists o deith,
the muck and the leavings o lives,
daunerin through bane houses,
rag-picking the toun's midden heip o skulls,
worming ben sichtless sockets
tae souk up and thrive, grouwe swack and twistit
and thrawn agin the reivin North wind
sae that buirds micht beak furthcoming berries
syne heezan to heivin's hecht
spit out the seeds,
sing out a saul's new sang
in music's resurrection.

infaaed: collapsed; **kists:** coffins; **daunerin:** wandering; **bane:** bone; **sichtless:** sightless; **souk:** suck; **swack:** healthy; **thrawn:** set against; **reivin:** reaving; **heezan:** rising; **hecht:** promise; **saul:** soul.

Biggar

Thon hermless wee mannie sits in his neuk
wi his pipe and his drammie and tall shelf o buiks.
A twinkle-eed leprechaun – wha'd no concur
wi the douce auld fellae wi the polite Borders' burr?

As monie professors as wad dance on a peen
are aucht their chairs and their thesis tae him.
Tak guid tent o him nou. Wi nae qualms ataa –
he'd puit your's and mine's up against a waa.

Fegs! Losh! Skelp! Bang!

hermless: harmless; neuk: corner; drammie: whisky; douce: peacable; neuk:
corner; peen: pin; aucht: owe; tak guid tent: be very careful; fegs/losh:
exclamations of surprise; skelp: smack.

Calendar For A Smaa Post Industrial Toun

Januar
The Baptist Kirk and *Pairtners* Bar
aye fleean their Christmas lichts:
raggit thrums o howp.

Februar
Siller ice shatters and cauld banes:
green dockens hinnae yet derned
the auld pit biggin founds.

Mairch
Daffodils, pilgims o spring,
gleg haundfous o yellae and white:
broukit eggs skailt ower the hill.

Aprile
A line o white sheets wi lives o their ain
twist and tummel theirsel inside out.
Hurry! – a bleck cloud!

May
I thocht I heard voices in the cramson dawin,
fechtan words fae the bandstaund, mairchin men,
the pit buits o thousans gaen ben …

June
A dragon wauks and spouts
orange flames: the toun is trummelin still,
fleggit ablaw Exxon's neb holes.

July
Plants pirl bonny in the sun:
Hen's taes, Harebells, Gowdielocks;
a bumble bee dauds on the winnock pane.

August
The siller birch
are muivin ower the Moss
like women mourning.

September
Blae smirrs o reek: the warld's ableeze,
Icarus faaed intil the fields:
A fermer's burning stouks.

October
We bleckit up our faces like colliers,
murdered *The Scottish Soldier*.
Trick or treat? Nou orange pumpkin heids.

November
A wreath o poppies
in the month o the deid.
Fireworks ower nae man's land.

December
Ruid for Santa's sark,
Ruid for a lowing hearth,
Ruid for a sign that says: *Shelter.*

thrums: threads; **howp**: hope; **siller**: silver; **derned**: hidden; **biggin:** building;
gleg: bright; **broukit**: broken; **skailt**: spilled; **tummel**: tumble; **cramson**: crimson;
dawin: dawn; **gaen ben**: going past; **wauks**: wakes; **trummelin**: trembling;
fleggit: frightened; **ablaw**: under; **pirl**: unfold; **dauds**: bumps; **winnock**: window;
blae: blue; **smirrs**: smudges; **reek**: smoke; **ableeze**: ablaze; **luift**: sky; **biggit**:
built; **sark**: shirt; **lowing**: glowing.

Chris Guthrie's Stock

Aa *The Speik* tellt tae no tae set fuit neir thon midden,
though whaur else micht a body buy antibiotics ?
Wi the gurl o Winter suin tae faa gey fell-like on Blawearie
and the twins' lungs hoachin wi TB,
there was nae ither walin. We rose the back o midnicht,
Chae and Ewan heipit the cairt up heich wi neeps,
ilk ane a green and gloweran Pictish shrunken heid.
I taen a handsel o some hame-made things tae sell:
knitting, tablet and dolls faushioned fae corn stouks.
Trauchlin ower the hill o Kinraddie the sleet stouned our faces,
I thocht the puir auld mare micht nae mak the cairry. Aye,
we were weill awaa fae the Howe o the Mearns by the daw,
and intae the wide warld, rolling and rattling and bumping
alang the ruts o the auld owergrouwn A9, ablaw
a laich deid October sky. And syne, late efternuin, we saw
the tall gless and granite touers rising aheid,
the banks and ile and gaz co's, the brave biggins and howffs
o the new City o the Mearns. A lang day's whang.
In the main, we got ben wi free scowff and nae herm
though there were tinks and junkie fowk, limbless pipeys,
beggars and stervan and sainless, liggin amang their needles
and gear by the littered dreeps, ablaw unerpasses,
but ower wabbit and thowless tae fleg us
though a futret – faced cheil held up his bairn tae sell.
Nae thanks, Mister, we dauded on but wad we win out?
At a check point on the outskirts a kiltie sodger
waved us in. The causeys were clarty but tuim. A lane dug howled.
A heidline tellt "99.8% Say Aye Tae The Union,"
Faurther in we were directed up a side road.
A fat wee puddock o a commissar inspected us up and doun
speikan Doric wi a Russian accent – tried tae swick us wi
some creashie barter deal. Booze and bairns' gemmes for our neeps.
"Auld coins anely, Maister" I threipit, "juist the anes screivit
wi the auld wyfie's heid'll dae fine – we need them for medicine."
Our luck maist hae been in, or else the city was gey stervan.

Aiblins he'd be weill thankit by his maisters
for filling the bare City luckenbooths wi our tumshies.

I went in his bothie tae sign the bit papers
whaur he ettled tae hae a sleekit feel o me. The coorse dirt!
I slapped his pus no kennin gin I'd be shot for it or no.
He juist lauched, said some words in his ain tink leid.
Syne: "Best flee awaa fae here afore gloamin, little hen –
they're jalousan nae lichts'll come on the nicht.
Nae place for kintrae fowk tae bide in the daurk.
My people are kintrae fowk as weill."

Ewan was late. He'd gone for a daunder, luikan for a whure
or a draim baccy pipe, nae dout. I tellt him tae be back in an hour.
He returned unco fou on tattie vodka, tattooed, proud as punch.
He'd signed up wi the New Black Watch. Chae and I left him there.
He was killed somewhaur neir Shenyang the next spring.
We puit a stane up tae him on Kinraddie Hill.
His screivit name's aa o him that endures.
I tak the twins up there in summer – a stey climb.
I see the ghaist o him yet fae time tae time.

speik: gossip; **gurl:** growl; **fell:** evil; **heich:** high; **neeps:** turnips; **ilk:** each; **handsel:** present; **stouks:** cut sheaves; **stouned:** stung; **ablaw:** under; **laich:** low; **syne:** then; **ile:** oil; **biggins:** buildings; **howffs:** hang outs; **ben:** through; **scowff:** freedom; **sainless:** unblessed; **liggin:** lying; **dreeps:** ditches; **wabbit:** weak; **thowless;** spiritless; **futret:** ferret; **dauded:** hurried; **causeys:** pavements; **tuim:** empty; **faurther:** further; **mercat:** market; **puddock:** frog; **swick:** trick; **creashie:** greasy; **threpit:** insisted; **screivit:** engraved; **gey:** very much; **aiblins:** perhaps; **luckenbooth:** shop; **fairins:** gifts; **bothie:** shed; **pus:** face; **kennin:** knowing; **gin:** if; **gloamin:** twilight; **jalousan:** anticipating; **daunder:** aimless walk; **aa:** all; **ghaist:** ghost.

Saint Magnus' Cathedral (for Kevin)

These saunstane waas seem solid but arenae –
molecules muivin, pairticles within pairticles
aa tae gar the *isnae* luik faur mair nor it *is*.
Gin maist o it is space syne whit defines the haill?
The heid o the snake grollochs its ain tail.
Yet somehou Satan cannae snuive ben here,
for the saundstane ark is ballasted wi peace,
I ken it and I feel it, saining ma troubled saul.
Sae whit is the magick that waps and wynds
thir bruckle cargo fae the gurly storm without?
Unnamed quarks in the voids o the waas:
raxin Faith; lowpan Howp; leamin Grace;
Faither, Son and Halie Ghaist,
their lowin hauf-lives eternal.

waas: walls; aa: all; mair: more; maist: most; gin: if; naethin: nothing; snuive:
sneak; ben: through; ken: know; saining: soothing; waps: winds; bruckle:
fragile; gurly: grim; unkent: unknown; raxin: reaching; lowpan: leaping;
leamin: shining; hauf: half;

God

God I hae ignored you
As you hae ignored me
I'm big eneuch tae mak the first move –
Desultorily.

Betimes I'd like tae talk tae you
Anent sacrifice and sin
But when I chap on your front door
Naebody's ever in.

Aiblins it's aa a pliskie
Tae prig a test o faith:
I'd like tae ken the reason for
Ma waste o time and space.

eneuch; enough; **betimes**: at times; **anent**: about; **aiblins**: perhaps; **pliskie**: trick;
prig: demand/barter.

A Lack O Gravity

An elementary pairticle was lowpan tae be found,
The absence o its sel made sense tae seek for it,
A muckle cleek and girr were biggit faur ablaw the ground
Sae physicists micht hae a richt guid keek for it.

Like a peedie needle derned amang a zillion thraves o hayrick,
Or philanthropist wha hails fae Aiberdeen,
A glisk o sic a ferlie wi its jinkan, joukan magick
Had never on this planet yet been seen.

Yet thonder it maist be – tae mak the Standard Theory ding –
Joco amang the hadrons and the quarks,
A neat jyned up equation, a code o ilka thing,
Like Man wi God (derned up the sleeve o his sark).

lowpan: leaping; sel: self; muckle: large; cleek and girr: steel ring and a stick/
child's toy; biggit: built; faur: far; ablaw: under; guid: good; keek: peep; peedie:
small; derned: hidden; thraves: sheaves; glisk – glimpse; sic: such; ferlie:
wonder; thonder: there; ding: work; joco: happy; jyned: joined; sark: shirt.

Mid Howe, Rousay

Poets are tourists, drouthy for Time's hansels and signs:
burial mounds and brochs aside the ocean.
It aa airts tae deep meaning deeper, langer syne,
derned ablaw Time's menseless tidal motions.

The blin poet anely sees romantic relics:
the ruckle o owercowpit stanes lang furzed wi hazelraw:
Bronze Age, Medieval, Viking, Egolithic –
but no the fermer's breeze block, solar-panelled bungalow.

Sea pyots ee the lug worm
casts coiling like Celtic art in the shallows.
They ken a loweran storm is gaitheran
itsel out there somewhaur ahint Eynhallow.

handsels: gifts; **aa:** all; **airts:** directs; **langsyne:** long ago; **derned:** hidden;
menseless: unfathomable; **anely:** only; **ruckle:** heap; **owercowpit:** knocked
over; **hazelraw:** moss that grows on stones; **biggit:** built; **lowerin:** brooding;
gaithers: gathers; **ahint:** behind.

The Electron's Jig/The Higgs Bosun Reel

I'm ower here,
I'm no here,
I'm ower here,
I'm ower there,
I'm no there,
I'm up here,
I'm doun there,
I'm aawhaur,
I'm naewhaur,
I'm twaa places at eence,
I'm nane place at neence,
I'm here and aa around,
Acht – I've tae cover ower much ground,
Ocht I'm jiggert and licht-heidit nou –
I need a guid sit doun!

ower: over; **aawhaur**: everywhere; **twaa**: two; **eence**: once; **neence**: made up version of "none"; **jiggert**: tired.

Wee Fergie

Fower o us huddlin
thegither up Fleshmerket Close,
keeping out o the deluge.
Pawkily, Garioch lichts up a fag for MacCaig.
Pittendreigh Macgillivray, patrician neb in the air,
airily admires dreepan corbiesteps.
Somebody speirs, "Will Rabbie shaw?
he's the Daddie o them aa at the Festival!"
Faur abuin the drunk men, the comediennes
and ither Johnny Aathins that come lately,
aye, Rabbie's the Lallans Elvis, the King.
But wee Fergie was Hank Williams.

In his copper semmit i the pourin rain
he's broken free out o Bedlam again:
on a kenless strand, in some muinless airt,
a souchless wind blaws his coat tails apairt,

fower: four; **pawkily:** obsequiously; **neb:** nose **speirs:** asks; **semmit:** vest; **kenless:** unknowable **airt:** place; **souchless:** silent

Auld Sang ...

The morning efter's aye gey sair tae thole,
It's haurd tae heeze a hecht, a howpfou tune.
Tae win this faur syne faa afore the goal:
The heid is wyce – but hertscaud's aye whit stouns.
Yet nae surprise, the outcome or the failing:
Tae puit certainty o waur afore whit?
A notion? A gleg ideal? A gowk's walin:
The deil they kent, the fell auld sang has won it.
And whit o their Maisters, wha'd faut they cuifs?
Brave ermine sarks for men wha've lairned tae kneel –
Wha'd place pibroch fore pensions i the luif?
Whit's bairns and land and leid tae London's wheel?
The scunners craw – here's raip tae help them swing.
Mair cause for Aye – lift heids again and sing.

aye: always; gey: exceedingly; sair: sore; thole: endure; heeze: lift; hecht: promise; faur: far; syne: then; afore: before; wyce: wise; hertscaud: disappointment; stouns: stings; waur: worse; gleg: innocent; gowk's walin: a fool's choice; deil: devil; kent: knew; fell: dark; faut: fault; cuifs: fools; sarks: shirts; luif: palm; leid: language/culture; scunners: horrors craw: boast; hing: hang; mair: more

Ae Day In Summer

The siller-weet fields were happit wi banks o haar,
the dawin road dreeled straucht and faur,
gleg bairns went guddlin in the glaury dreeps.

The morning lythed, we lowsened at denner time
jalousan we'd no reach the muckle manse that day:
some lovers smooled awaa intil the wuids.

Heat glaimed and sklentit aff ilka thing
as aathin, at aince gaed everywhaur
molecules joukan like tadpoles in a jeelyjaur.

Syne naethin else tae dae binna stride it out –
a wearisome spang and trauchle in the sun.
We grew auld that efternuin.

Later there were aipple trees and berries,
swallows in the caller cramson sun faa –
but daured we keek ower God's heich orchard waa?

siller: silver; **happit**: clothed; **dawin**: dawn; **dreeled**: furrowed; **kittled**: excited;
guddlin: playing in water; **dreeps**: ditches; **lythed**: thickened; **lowsened**: rested,
stopped work; **jalousan**: anticipating; **smooled**: slid; **glaimed**: gleamed; **sklentit**:
glanced; **ilka**: each; **joukan**: jinking; **jeelyjaur**: jam jar; **binna**: except; **spang**:
step; **trauchle**: exhausting business; **caller**: cool; **daured**: dared; **keek**: peep;
heich: high.

Onding

It came on gey sudden like –
bucketfous and ashets o rain:
    welteran, blashy,
        saft and plouterie,
           spoutin, bleck-weet and spleuterie,
          bleeterin, blouterin, boustrie,
            skailan, sowpin, slorporan,

cowpin, rantin, rinnan and dreepan
    doun, doun, a haill-stane Flodden's worth o tears
ower huggery shouders, abuin grumphin heids,
God's gardyloo,
    dounfaain and droukitan,
        a Lucifer's sainin, frounin, skelpan, stottin
          the luift pouring out its hairt,
           screivintae its agony aunt,
            tuimin its bladder,

pouer hosing the clarty causey flags,
    scourin awaa the soot and stour
        ingrained in Reekie's yeukie skinfaulds
        ablaw her dragonish oxters
          raxin up since Wally's pairty for King Dod.

Guid fowk! Haud up your haunds for shield!
    Skitter like field mice for a snod beild!
Rin fae the ruin, rin for shelter and dreich-heids.
    Skelter pell-mell for a neirhaund ark!
Luift! Wring out the angels' grey drawers,
    the semmits o purgatory, the nappies o Limbo,
  baptise thir sypin kirks in humility,
  thrice croun the creeshy councillors wi pish,
  baste the banks in the tears o the puirtith,
  bleach out the banners o pride and hypocrisy,
kennel thon Royal Mile o unionist stanks,

be a mutable river tae flush out ruid rottans.
Hose doun the protein steekit synapses o aa thir oorie auld vennels,
   Get them tellt! Mak them melt!
Oh mensefou Atlantic watterwheel heelstergowderan
      like auld Hamish Henderson himsel ranting hame Sandy Belled,
      birl your lourd millstane o grinding time!
Oh Crombie coatit Satan, thrawan your wecht around widdershins
      whirlmagig heich voltage sperks out your erse,
mak siccar o our soaking, kittle up the elements,
      synin the sweel in a swodder,
         teemin the swim intil goose dubs,
            filming a yim ower aathin,
                     trinnlin the splairge and the splatter o it,
sotteran up fae the drains and deep beer wells tae flood,
      slockenan doun as faur as the ghaist lowe
         bankit up and pokered in the drouth-fires o Hell,
rain, reign ower Auld Reekie,
      unthirling the glued up solutions o global economics,
atween logic and leid and feeling itsel
      until sentiment, sense, harns and hairt
are jilpit intil a jabble …
plunk … plype … platch … !
… till aathin itsel has changed for aye, and Auld Reekie liquifies.

Note: no glossary provided here – it would drown completely the sense of the
Scots words and dilute the meaning. Readers are encouraged to apply their own
solutions.

Assize

Lord Justice Clerk Weir:
The Makar's Court is nou in sessioun –
you hae the richt tae *praecipuum poesie*,
tae be heard afore your peers.
Maister Grieve – the first accusatour –
bring furth your chairge
and nae mair nor fower lines, sir –
I'll nae waste adminicle words on minor poeticules.

Grieve:
Heresy against our Muse, ma Lord:
ower lazy and thowless for buik leir –
ower feart tae prise his stamp on his time and his fiers:
wi nae system o thocht, philosophy, politics,
religion – a house biggit on saund and sentiment.
This trickster thocht he micht lichtlie our gravitas.

Lord Justice Clerk Weir:
That's five.
Maister Dunbar, his secont mishanter?

Dunbar:
Dereliction O The Makar's Darg:
He puit a fou wame, a wage and a bucketfou o wine
afore his sacrid caain. Wastrel, tak tent o the green een
that gowl i this haa: puirtith, seickness, disappointment,
but aye they wrocht their lang shift and tholed their days.

Lord Justice Clerk Weir:
Weill said.
Deemster Henrysoun – lay out your grievance.

Henrysoun:
The worst faut o aa – moral cowardice.
Nae stomach nor backbane had this ane tae shouder

69

our lourdsome wecht: he puit geegaws o leid
afore exemplifying the true weys o God.

Lord Justice Clerk Weir:
Syne ye were gied guid fairins – mair than maist,
though you sit on a laichly bink,
faur ablaw maist o the lave, in this Haa o the Wyce.
Ye still maun account. Repone, gin ye daur
afore sentence is passed … whit sir, a puir fist at apology?
Acht, peeliewally shade – dinnae skitter and meemaw!
Is there ane i the bourach wha'll speik up for this gowk?

Burns:
Aince he ettled tae scrieve o July,
cornflouers and buird's fuit trefoil:
nae epic, but I claucht a sweit saur,
mindit the petals on the pirl,
the saut tang and the sea mist –
though yirdit these years i stour i this fousty kist.
I threip: not proven.

Let the cuif be.**makar;** maker/poet; **fower:** four; **thowless:** indolent; **leir:** learning;
prise: press; **feirs:** peers; **biggit:** built; **thocht:** thought; **lichtlie:** make a fool of;
mishanter: mistake; **darg:** task; **caain:** vocation; **tak tent:** pay attention; **gowl:**
gape; **puirtith:** poverty; **wrocht:** worked; **tholed:** put up with; **deemster:** judge;
faut: fault; **lourdsome:** heavy; **geegaws:** trinkets; **leid:** language; **fairins:** gifts;
laichly: lowly; **bink:** bench; **lave:** rest; **wyce:** wise; **maun:** must; **repone:** reply;
daur: dare; **peeliewally:** pale; **meemaw:** mumble; **bourach:** the commoners;
gowk: idiot; **ettled:** tried; **scrieve:** write; **claucht:** caught; **saur:** scent; **pirl:** turn;
saut: salt; **yirdit** – buried; **stour:** dust; **fousty:** ill smelling; **threip:** insist; **cuif:**
fool.

Aiblins, aiblins …

Aiblins our prayers tae his lugs
are like the chirtin o sparraes,
the lowin o baists in the fields.

Aiblins the scrunge o the tide,
the yammerin o unquiet gulls,
are his answer back.

Aiblins: perhaps; **lugs:** ears; **chirtin:** cheeping; **yammerin:** incessant noise.

The Gloup, Deerness

Onomatopoeic
hole in an Orkney field,
stey and causey stane-sided, aa the road
straucht doun tae its base bleck churning sea-pit:
Grendel wadnae hae turned it doun for digs.
Satan said he biggit it juist tae souk in wi Upstairs,
God's fine resonator, for the Grand Auld Man to hear
his favourite Holy Willie skuas and pawky elder doos
warble their dreich and endless kirk psalms
through wearisome months o Sundays,
but raither, taught selkies to flyte up tidal abuse,
grumph and snort their ooriesome pagan seal blues,
got the sea tellt tae get its finger
ablaw the layered sandstone sill tae undermine,
prise its ruler atween Deer Ness's windscreen,
kenning fine that in the slottery hairst o time
some schauchlin doitit sheep wad fletten the fence wire
left richt in the road for a fou fermer tae faa
hauf-seas ower back fae his mercat in a blin winter's
howling or buird watching twat wi his albatross lense,
nebsome for feathery close ups tae breinge forwards erse
ower tit in terror, in free faa through thon kistit space
tae smash, crash, stot and dirl and syne be mashed
in his staney sowp o a slorpsome porridge bowl,
wi bane, brain, bluid and sautwatter snotters
aa mixed in this thrashed pope poured ee
tae be sieved intae sacrificial soup
in his god-forsaken gloup …
and God let him.

stey: steep; **causey stane**: pavement stone; **aa**: all; **straucht**: straight; **biggit**: built; **souk in**: suck up; **pawky**:servile; **doos**: doves; **dreich**: depressing; **selkies**: seal folk; **flyte**: insult; **ooriesome**: unearthly; **prise**: press; **kenning**: knowing; **slottery**: slow moving; **hairst**: harvest; **schauchling**: dragging along; **doitit**: befuddled; **hauf seas ower**: drunk; **nebsome**: inquisitive; **breinge**: move suddenly and out of control; **stot**: bounce; **sowp**: sunken pit; **slorpsome**: sticky; **ee**: eye.

Islanders

"Peerie Tamso will sort you oot –
He hires helmets and bikes at the pier.
Local? – Naw, afore his brekdoun,
The City o London, a financier.

His howff is aside the Gallery –
He's merrit on Morag Jean,
She maks bits and bobs fae driftwood,
Aince was addicted tae crack cocaine.

Masel? Ocht, I'm Island, born and bred,
Though I've no hauled a creel in years:
I'm employed as a social worker,
In thon brave gless biggin,
By the new Polis Station,
By the refurbished Kirk that's
Nou Morag's Gallery,
Aside Tamso's, doun at the pier."

Peerie: small; **howff**: hut; **merrit**: married; **aince**: once; **biggin**: building.

Grandfaither's Auld Hoose

There were mickle benisons tae howkin doun pits,
sweating on a ruif faa in the stink and mirk.
Aiblins mowdiewarps dinnae fash theirsel
wi the ootward appearance o things:
there's nae fantoush wey o crawling in mud,
nae caa tae hoover up coal stour or brasso pit bogies.
Grandfaither applied this rule upby:
twaa bent nails and a hank o frayed string
kept his hingan shed door fae opening.
His teapot was a booby trap, the bottom
o the bakelite haundle burnt clean through,
his frying pan bleck as the Earl o Hell's lum hat
whaur he hauf-cooked square sausage,
cracked an egg and a bottle o Guinness in.
Unimpressed, he never yet blinked his een
even when his hame-made wine exploded
in his scullery shebeen.

When they buried him wi his auld habits
ma Auntie redd it aa awaa,
liggit nice cerpets, got shot o the spitting grate
tae mak things fair braw …
it isnae richt though
tae double glaze the past and thaim wha bide there.
I nodded ma pow when I gaed back aince –
and mumbled, "Jings ! Whit a difference!"

mickle: few; **howkin:** digging; **mirk:** darkness; **aiblins:** perhaps; **mowdiewarps:**
moles; **fash:** bother; **fantoush wey:** elegant method; **asklent:** out of kilter; **een:**
eyes; **shebeen:** illicit drinking den; **redd:** tidied; **liggit:** laid; **bide:** live.

Abhainn

A river gaes skinklan ben you and me,
though we kenna whaur it's gaun,
it tuims intil an unseen sea –
the bluid o ages flawin.

Skinklan: shining; **ben:** through; **kenna:** don't know; **tuims:** empties.

Watter Song

Roused up in a cauldron shout,
      a gurly roar o Atlantic sang,
rising, we were wrocht, ice seedlins
      in siller cloud-womb, our distillation
rocked abuin belling ocean,
       then spilling saftly oot the West:
Tae be life,
      tae gie life,
          sing we.
Trysting
      on leaf-blade, stem and bole,
         in hoof hole, filling cupped stane,
 jyning as ane,
      eel o bricht licht, torqued watter rope
groping amang ruit and rock,
      fumbling through flouers and fern
tae mell, tae dub, tae puddle, pool and burn,
      aye hameward,
           aye dounward
a trickling, a pouring

         intil loch, intil trout-lair,
           a hirseling heckling the reed bed,
otter-tongued, pike-gilled, tod-lapped
         threshed by wing-beat
and by webbed goose fuit,
Tae be life,
      tae gie life,
         sing we.
Maist precious jewels and draplets,prood
         bluid that beats the tattoo o life,
snawflake and haar, haurdened back intil ice,
      mashed malt-mess, droukit grain,
slackening the drouth in the sauty thrapple,
  tear that dounfaas in lauchter and wae,

baptises the mewling man-bairn in his brave gounie,
   satisfies the lust o the aye sucking earth,
sloshes and rowes in sinks and reservoirs.

  Tae be life,

         tae gie life

                sing we.

Soothing the seick with our saining,
Rubbing oot the ruid stain,
dreepan fae the five wounds,
slipping through the fine fingers
o a guilt-frantic queen,
Tickling ower the taes of a fuilish king.
Skailing oot the Governor's basin –
Nae Pilate maun damn or divert us.
Defiled and greased and vinegared we sublimate tae purity.

  Tae be life,

         tae gie life

                sing we.

---

siller: silver; **abuin:** above; **trysting:** meeting; **gie:** give; **hameward:** homeword;
hirseling: rustling; **droukit:** drenched; **drouth:** thirst; **thrapple:** throat; **gounie:**
gown; **rowes:** rolls; **saining:** blessing; **taes:** toes; **skailing:** spilling.

Maeshowe

Laich sun,
draps lanesome,
druid craw
caas crousely.

Precious day's
bricht dawin,
bronze penny,
spent freely.

laich: low; **caas**: calls; **crousley**: coarsely; **dawin**: dawning.

Ferry Acrosstic

Scrabster has a
crustacean steekit in its thrapple, gey
roch round the tonsils
argle bargelous as ruid diesel in an engined
boatie on a freezan ice daw flaw o a
saut spleitert sea that
trauchles itsel intil a yowdendrift swell
eydent aye tae mak boakfou the
rummelin and tummelin and belly lowpan hurl ower.

St. Ola and Hamnavoe
tak the whale's
road, the swan's wey
ower wave, through wind, past the Auld
Man o Hoy,
North, hamewirth,
endlang, tae win
safe harbour and bide at rest in
Stromness.

Oot on the Northern
rinds o dour auld Scotland lig fabled isles:
kinrik and earldom, burghs and fermtouns whaur
Norse weys endure: ghaists o lang-kistit
earl and bishop, fermer, fisher and skull,
yarl and skald, mither, dochter, staneman and troll.

---

steekit: stuck; **thrapple**: throat; **gey**: exceedingly; **roch**: rough; **argel bargelous**: quarrelsome; **daw**: dawning; **saut**: salt; **spleitert**: splintered; **trauchles**: moves with difficulty; **yowdendrift**: driven by the wind; **eydent**: eager; **lowpan**: leaping; **wey**: way; **endlang**: straight forward; **bide**: stay; **dour**: unemotional; **ligs**: lies; **lang-kistit**: long coffined; **dochter**: daughter.

Snawman

I biggit a braw snawman –
I thocht he'd staund forever.
But his nodding pow gaed cowpan ower
And his heid slippit aff his shouders.

I cast anither snawman:
Suin it was gaen enaw.
Its een melled intil coal and tears,
It drouned amang the snaw.

The cauld came back in Februar,
I keekit oot the door:
Twal ghaistly snawmen glowered at me
That I had made afore.

biggit: built; **pow**: head; **cowpan**: tumbling; **ower**: over; **shouders**: shoulders; **gaen**: gone; **enaw**: as well; **een**: eyes; **keekit**: peeped; **twal**: twelve; **glowered**: glared.

Cuddies

They thole the lang nicht and luik tae the licht –
The blae star ower the loch lowes bricht.

Their hooves stamp ower the airn frost,
Their reeky breith's the Pan god's ghaist.

Their broun nebs rub the rustit wire,
Impatient winds souch ben the byre.

The cauld is cruel fae oot the Aist –
Is there nae beild for humble baists?

In the auld cuddy leid – whinney and neigh:
Christ the foal is born the day!

Blae: blue; **lowes:** gleams; **airn:** iron; **reeky:** smokey; **breith:** breath; **nebs:** noses; **souch:** sigh; **ben:** through; **Aist:** East; **beild:** shelter; **cuddy leid:** horse language;

The Cleir White Licht

Orange is a fairin
That's wi an aipple sib,
Purple's the god-bairn
Wha's greetan in his crib.

Gowden is the gift
The Muin gies tae the Earth,
Sea-blae's for a mither
Trauchled by a birth.

Pine green is for guid luck
And needles that dounpour,
Siller is an angel
Or a fish laid at the door.

Ruid is for a hearth
That lowes like a kind hert.
White is for the licht ootside
That guides us tae our airt.

fairin: gift; **sib**: related; **gowden**: golden; **gies**: gives; **trauchled**: exhausted; **siller**: silver; **lowes**: glows; **airt**: direction.

Tidal Sonnet

... breith oot – grey turns, luift skeir, speck and fleck syne
blaw and blaff, a wind o skelp fresh stoun smirr,
horizon faur on boat fishing doukan smaa,
aa this amang claw partan's, wing gannet's,
buoy bauchelt and rope blae, kist tuim, shoon sunk,
faem bubbling broun in bottle plastic doukin laich,
wuid and seaweeds, saund and stanes chuckie smooth ...

... smooth chuckie stanes and saund, seaweeds and wuid,
laich doukin plastic bottle in broun bubbling faem,
sunk shoon, tuim kist, blae rope and bauchelt buoy,
gannet's wing, partan's claw, amang this aa
smaa doukan fishing boat on faur horizon,
smirr stoun, fresh skelp o wind sair blaff and blaw
syne speck and spume, skeir luift, turns grey – breith in ...

skeir: bright; **syne:** then; **blaff:** blast; **skelp:** blow; **stoun:** sting; **smirr:** light rain;
partan: crab; **bauchelt:** dented; **shoon:** shoes; **laich:** low; **doukin:** ducking;
chuckie: small stone.

A Fowth O Birks

Aik tappietouers, the Greenwuid rings,
"Aik o the sun, the Greenwuid's King!"

Hazel aside the saumon puil
derns the makar's secret skeills.

Willow boughs, ettlin tae droun,
greetan ablaw the gowden muin.

Gleg the hairst o Hawthorn –
the flourin Queen o May morn.

Birch aside the spoutin linn –
the siller leddy o Beltane!

Elder the ancient and wyce ane,
the auld wyfe o the Samhain.

Elm hates man, draps his bough,
tae croun and coffin him ablaw.

Rowan berries ower the lintil,
an evil fuit'll ne'er step intil.

The teuch auld Yew – the tyauvit yew,
a journey faur, syne born anew.

Tak tent o Nature – cause nae pain,
You never walk the wuids alane!

Fowth: abundance; **tappietouers**: overlooks; **derns**: hides; **makar**: poet; **ettlin**: attempting; **gowden**: golden; **gleg**: happy; **hairst**: harvest; **spoutin**: spouting; **wyce**: wise; **ane**: one; **intil**: into; **teuch**: tough; **tak tent**: take care.

Mousie

The neck broken mousie
sleeps sound in ma trap,
binned ilka morning –
neist nicht he comes back.

Zombie eened, pink luggit,
broun coattie, pale wame,
stiff tail, squashed heid,
undeid, aye the same.

ilka: every; **neist**: next; **een**: eyes **lugs**: ears: **undeid:** undead.

Smaa Hours

The knock nid-nods late on,
the adder sloughs his skin,
kythin in strange airts
whaur he's nae biddan in.

The lamb couries up and bleats
aside the comforting ewe,
greets at tod-faced Kit Huntly,
girns at cruel Cubby Roo.

knock: clock; **nid nods**: falls asleep; **kythin**: rising; **Airts**: places; **biddan**: invited; **tod**: fox; **Kit Huntly** and **Cubby Roo**: Orcadian folklore figures.

Tammy Norries

Little brithers o the waves
In their bleck and white cowls,
Busy abuin the siller hairst
Tae save the fishy sauls.

Tae save the fishy sauls,
The wriggling eels and herrings,
God's giftie tae his sea buirds
Tae feed their hungry bairns.

siller hairsts: silver harvests; **sauls**: souls.

The Wyce Sangs

A mannie sailt ower fae Eynhallow the ither day in the rolling fog, in a peedie boatie. A swack luiking mannie, smaa but weill biggit. He jamp out his boatie and pushed it up as faur as the shell midden heap.

He unloadit a muckle lourdsome pack and heezed it slawly on his back. There are never nae strangers cam up here nou, sae ma faither and ma uncle went out fae the broch tae speik wi him and speir anent his business. They were haudin their sheuchs. In cleir weather, fae the tap o the broch, we wad hae seen the mannie coming ower but aathin's been smoort in the green haar for days nou. The mannie luikit unco and ooriesome wi his muckle pack flinging a heich shadow afore him, strampin out o the haar like a hill trowe. Whaur had he cam fae? His heid was hoodit and he had a scarf wappit ower his face. He wasnae tall ataa but smaa and strang airmed – wi a chist on him like a barrel. Guid gear comes in smaa buik, the auld wyfes say. Fae the tap o the broch we could hear their voices as ma faither and uncle speirt at him. Efter a whiley they seemed joco enough wi whit he was telling them sae they brocht him ben for tae hae his supper wi us.

He was aulder than I had first jaloused and gey stervan. He laid his lugs intil his bannocks and beer and whang o cheese. He thankit us for barley bree and hoose room and said he had a giftie tae gie us. But faither was mair interested in the speik and the news and the wittins and prised him tae tell us anent daeins fae the braid Warld's chaumers. The mannie nodded. It turned out he had been ben *The Creashy Vennels*. The auld anes werenae gleg when they heard this and there were mutterings o *fling him out nou afore it's ower late*.

"It's aaricht though," the mannie said in his lallans voice, gey quick, "that was back afore Caunelmas and as ye see, I'm no deid yet. I'm fine. The Lurgie's gaun and hermless nou – even in the bleck plague pits o the Reekie sowps."

Sae he wasnae flung out because aabody needit tae ken whit the *Creashy Vennels* were like nou. Naebody in our lifespans or ancestors' days had ever set fuit there. We juist kent stories. We shuddered and thrummled and grued even at the mention o the nemme, sic was the scunner we had for thon daurk and dowie airt. He said he had been ben a wheen o deid Lurgie touns and burghs – Langtouns, Greytouns, Kirktouns, Milltouns – wi nae ill effects, no even a hoast or a snotter. "But there's nary a leivin sowel steers in ony o them – whitever fowk micht say. They are aa fou o ghaists, aye, but I saw naethin alist – and I staund here afore you as witness." There was a souch o relief at this. Tales o undeid, bogles, polls, slaiveran dugs, Lurgie trowes, futret-faced fowk wha eat their ain – ilka bairn was warned o them as they couried doun at nicht.

"I came ower the Big Reid Brig - thon cowp o tyauvit airn girders. There's been ither brigs tae the west o the Big Reid Brig at yin time, langsyne - you can see the founds but there's no muckle else left nou. Efter I crossed ower I stapped for a whiley outside the yetts o the *Creashy Vennels*. It's no a step tae be tuik lichtlie – tae daur tae set fuit in thonder. I taen a guid swatch afore I went ben. It's a silent place. Nae buirds, no even a rottan skitteran or a mousie cheipan. There's no much tae see ataa – the biggins and causeys are aa derned and birks and busses and gress and dockens hap maist o it ower. Juist cowpit stanes and bricks and green mounds maistly. I saw a plague pit fou o banes that hadnae been dug ower. I saw a rosier grouwing out o a cuddie's hause-bane. A midden pile o skulls. I saw a dowff heip o bairnies' shoon. I gaed faurther in on creepie taes. A puckle o muckle biggins in the middle that hadnae infaain. Their Perliament. A great haa fou o wabster threids. In a gless kist on a table a siller mace wi **Even-haunditness, Strauchtness, Hertsaw, Wyceness** screivit on it.

There was anither muckle daurk haa neirhaund – they maist hae steekit aa their auldren geegaws and ferlies in there tae be mindit. Things o importance tae them fae their langsyne – though I couldnae unraivel it aa. I found the wyce-like sangs in thon fousty glory hole. They maist be ower a thousand years auld – they're wrocht out o haurdened bleck ile. For this is ma walin – tae cairry these tae the last faimilies in the lanesome clachans.

Here they are, The words are aye screivit on the paper sarks the circles are kistit in. I trow at ane time, on halie days, the girrs wad birl by magick means I will shaw and sae their auldren bards and preists wad speik and sing fae them in their ghaistly words. Aa o their knowledge is thirlt in thir bleck wheels. Aiblins ae day, we maun sing them aince mair, when this sairly deaved world is sained o its jynt-ill. I hae a kistie wi me here. I found it encased in gless in the same muckle haa. I cairry it aawhaur wi me. I wynd it up wi this haundle, juist sae. I puit the bleck suns on the tap o it. Nou I lift this airm ower …

lend a lug nou tae the wyce sangs o your forefaithers. I will teach you the words …

And thus spake Dod our first makkar and keeper o the *Wyce Sangs*.

Reekie Caain

Reekie caain tae the faur fremmit touns
Nou war's been declared, the auld order cawed doun,
Reekie caain tae the netherworld schemes,
Keek out o your presses, ye louns and quines,
Reekie caain, dinnae lippent us,
Aa they beltit knichts hae juist faain on their erse,
Reekie caain, nae swinging for us
Except for thon polisman's kick in ma pus.

This ice age is Baltic, the sun's whurin in,
Meltdoun's jaloused and the barley's gey thin,
Engines stap birlan but I hae nae fear –
Reekie is drounan but I – I bide by the river.

Reekie caain tae our brithers in the North,
Gie it laldy, comrade, for aa that it's worth,
Reekie caain tae the hoodies o deith,
Hae a bit blaw and tak a deep breith,
Reekie caain, I dinnae mean tae glower
But whiles I was speikan I saw you nod ower,
Reekie caain, we hae nae mair hechts,
The bankers got hingit and naethin is left.

This ice age is Baltic, the sun's whurin in,
Meltdoun's jaloused and the barley's gey thin,
Engines stap birlan but I hae nae fear –
Reekie is drounan but I bide by the river.

Reekie caain, I was there when it faaed,
And I'll testify they're but cuifs afore God,
Reekie caain, Edwin Muir had it richt,
We'll hear cuddy's hooves on the causeys the nicht …

And I never felt sae sib, sae sib, sae sib …

ower: over; **peedie:** tiny; **swack:** strong; **weill - biggit:** well built; **muckle:** huge; **lourlie:** heavy; **heezed:** heaved; **speir:** question; **anent:** about; **sheuchs:** hand scyths; **smoort:** covered; **haar:** sea fog; **unco:** strange; **ooriesome:** unearthly; **wappit:** wound; **guid gear cams in smaa buik:** Scots proverb; quality appears in small packages; **joco:** contented; **jaloused:** anticipated; **gey: whang:** large portion; **wittins:** news; **prised:** pressed; **creashy vennels:** unclean closes; **roch;** rough; **lallans:** lowlands; **sowps:** pits; **ken:** know; **thrummled:** trembled; **scunner:** strong disliking; **dowie:**depressing; **cowp:**tip; **tyauvit:** twisted; **wheen:**large amount; **lurgie:** sickness; **alist:** alive; **souch:** sigh; **couried:** settled; **yetts:** gates; **daurs:** dares; **rottan:** rat; **biggins:** buildlings; **causeys:** pavements; **derned:** hidden; **hap:** wrap; **cowpit:** overturn; **rosier:** rose bush; **dowff:** sad; **shoon:** shoes; **creepie taes:** moving quietly; **puckle:** small amount; **haa:** hall; **wabster:** spider; **kist:** box; **fou:** full; **screivit:** written; **langsyne:** long ago, past; **wycelike:** wise; **fousty:** musty; **sarks:** shirts; **girrs:** circles, wheels; **thirlt:** captured; **aiblins:** perhaps; **deaved:** afflicted; **sained:** cured; **jynt-ill:** incurable disease, mainly horses; **trauchle:** great effort. **faur fremmit - far foreign; **cawed:** knocked; **louns and quines:** boys and girls; **lippent tae:** depend on; **whurin:** moving with alacrity; **jaloused:** expected; **gie it laldy:** give it everything; **bide:** live; **hoodies:** crows; **bit blaw:** chill out; **glower:** glare; **hechts:** highs; **birlan:** turning; **cuifs:** fools; **causeys:** pavements.

A Leid Caaed Love

Mak your leid kyth fae your hert,
It's no your creed, it's no your airt,
For you're the ane maun tak your pairt
Tae mak your leid be Love.

Syne hear the Future ring tae us,
Syne hear the Future sing tae us,
Syne speir the Future bring tae us
A leid for aa mankind, a leid caaed Love.

leid: language; **kyth:** spring; **airt:** locality.

About the Author

William Hershaw

William Hershaw is a poet, musician and songwriter. He is Principal Teacher of English at Beath High School, Cowdenbeath. His works in Scots and English include *Fower Brigs Tae A Kinrik* published by Aberdeen University Press and *The Cowdenbeath Man* published by the Scottish Cultural Press. He has also written two textbooks on the teaching of Scots Language in the Secondary school published by Learning Teaching Scotland. He wrote *A Mass In Scots For Saint Andrae's Day.*

In 2005 he won the Callum MacDonald Memorial Award and in 2011 he was awarded the McCash Prize for Scots Poetry by Glasgow University/The Herald. In 2007 he collaborated with sculptor David Annand, writing the poem *God The Miner* which is inscribed on the statue *The Prop* as part of the Lochgelly Regeneration Project.

Recently he has co-edited the Literary Magazine *Fras* and published *HappyLand,* a selection of new poems with an CD of readings and music. In November 2012 *Cage Load Of Men – The Joe Corrie Project* by The Bowhill Players was released. Funded by Fife Council, Willie Hershaw has written the musical settings for the poems of the legendary Fife poet and playwright. *Tammy Norrie* published by Gracenote Publications in 2014 is his first novel.

William Hershaw - Select Bibliography

Poetry Collections:

- *Four Fife Poets/Fower Brigs Ti A Kinrick* (with John Brewster, Harvey Holton, Tom Hubbard, Harvey Holton), Aberdeen University Press, 1988.
- *The Cowdenbeath Man,* Scottish Cultural Press, 1997.
- *Fifty Fife Sonnets/Makars,* Akros Publications, 2005.
- *Johnny Aathin,* Windfall Publications, 2010.
- *Happyland,* Fras Publications, 2011.

Selected Poetry Anthologies:

- *Dream State – The New Scottish Poets,* Polygon, 1994.
- *Scotlands – Poets and the Nation,* Carcanet, 2004.
- *Skein of Geese – Poems from the 2008 Stanza Festival,* Stanza Publications.
- *The Smeddum Test, 21st Century Poems in Scots,* Kennedy and Boyd, 2013.
- *Scotia Nova,* Luath Press, 2014.

Novel:

- *Tammy Norrie, The House Daemon Of Seahouses,* Grace Note Publications, 2014.

Music:

- *A Fish Laid At The Door,* Dances With Whippets, Records/Birnam CD; 2002.
- *A Song Cycle For Craigencalt Ecology Centre,* Dances With Whippets, Records/Birnam CD; 2009.
- *Cage Load Of Men – The Joe Corrie Project,* Fife Council/Fras Publications, Birnam CD; 2013.

Education:

- *Teaching Scots Language,* published by Learning Teaching Scotland, 2002.
- *Scots Language and Literature – Examples and Activities,* published by Learning Teaching Scotland, 2003.

Interview:

- Conversations With Scottish Writers, No 5, Fras Publications.